は じ め に

　この冊子は、労働安全衛生保護具をコンパクトにわかりやすく紹介したものです。普段から使用している保護具や、初めて見る保護具もあるかもしれません。

　この冊子は、保護具の種類ごとに、見開き2ページで1つのテーマを取り上げていますので、必要なページから読み始めることができるようになっています。

　保護具は複数の種類を組み合わせて使用することが多いです。たとえば、高所作業では墜落制止用器具を使用しますが、同時に墜落の際に頭部を保護する保護帽を被ります。有害な化学物質などを取扱う作業では、呼吸用保護具を使用すると同時に、化学防護手袋や保護めがねが必要なこともあります。

　労働安全衛生保護具を選んで使用し、安全で健康な職場を実現して下さい。

JN070217

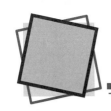

も く じ

第1章 保護具を知ろう

保護具の重要性

　働く現場はさまざまです。業種、職種、規模、地域などが違えば、必要となる保護具も違います。しかし、保護具を使用する目的はみな同じです。それは『危険・有害な作業や物質によって作業者が怪我をしたり病気になったりするのを防ぐこと』です。

　実は、保護具を使う前にしなくてはならない、もっと大切なことがあります。危険・有害な作業をしなくても良いように、取扱う有害物質そのものや作業そのものを変え、より安全にすること。そして、作業場所を安全にすることです。しかし、それらの対策は完全ではないので、保護具を使ってより安全に作業ができるようにするのです。

　つまり、保護具は「さまざまな対策をすりぬけて、作業者に降りかかる危険性や有害性」から作業者をまもる「最後のとりで」です。

　この本で取り上げている保護具は、広く一般的に使われている保護具です。どのような種類があるのか、どのような目的で使用されるものなのか、この本を通じて知っていただきたいと思います。

保護具の適切な選択と使用

　労働災害が発生するとその原因を調べ、対策を行います。労働衛生の3管理の視点であれば、作業環境管理・作業管理・健康管理に分けて原因を探し、さらに、管理体制や労働安全衛生教育が行われていたのか確認し、不足しているところに対して対策を行います。4Mの視点であれば、Man（人）、Machine（機械）、Material（材料）、Method（方法）の面から原因究明し、対策を立てて実行します。

　労働災害は、さまざまな要因が複雑に絡み合って発生します。厚生労働省が公開している労災事故事例では、保護具に関連する要因として「保護具が未使用」「不適切な保護具の使用」「保護具の性能の不十分」をあげています。労働災害防止のためには「保護具を使用する必要性」を知り、「適切に選んで、使用する」ことが必要です。

第2章 保護具の種類

体の部位別に見た保護具

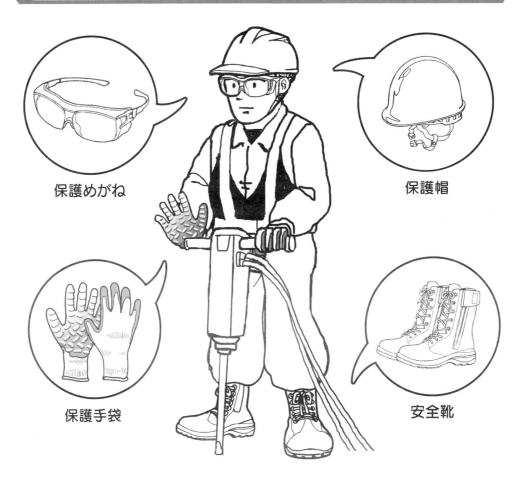

保護めがね

保護帽

保護手袋

安全靴

　上のイラストは体のそれぞれの部分を守るための保護具の一例です。

　労働災害による怪我などを防ぐための保護具（安全保護具）、健康障害を防ぐための保護具（衛生保護具）があります。それぞれ、国が定めた構造規格、もしくは、それぞれの業界が検討した日本産業規格（JIS）などにより、性能を担保しています。

　保護具を使用するときには、それぞれの国家検定規格やJIS、あるいは、業界独自の規格を満たしているものを使いましょう。

　保護具には**保護めがね（P18〜）、保護手袋（P24〜）、呼吸用保護具（P36〜）、防護服（P54〜）、墜落制止用器具（P58〜）、保護帽（P64〜）、安全靴（P70〜）、聴覚保護具（P76〜）**などがあります。それぞれのページを参照して、適切に選び、正しい使い方をしてください。

普段使っている保護具を書き出してみよう

どのような作業に	どの保護具を使って	どのような時に交換している

第3章 事故事例

（1）卓上ボール盤での加工時のヒヤリハット事例

　卓上ボール盤で部品に穴を開ける作業でのヒヤリハット事例です。

　卓上ボール盤で穴を開けた機械部品の、開けた穴の修正加工をしていた際、キリ粉が顔の方に飛んできて眼に入りそうになりました。

　普段は保護めがねを着用していましたが、簡単な修正作業だったため短時間で終わると思い、保護めがねは着用していませんでした。

　「卓上ボール盤で機械部品に穴を開ける作業」は通常作業であっても修正作業であっても「卓上ボール盤を稼働させる」ことには変わりがありません。

　卓上ホール盤の作業では、短時間の作業でも保護めがねを着用しましょう。

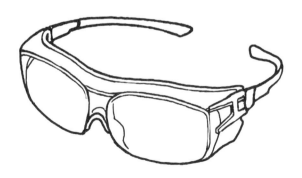

（2）洗浄バットでの脱脂作業中の事故事例

　塗料の試し塗り用の鋼板を脱脂洗浄する作業で、洗浄用剤の液滴が眼に入った事故事例です。

　塗料の試し塗り用の鋼板の前工程で、バットに入れた溶剤で鋼板を脱脂洗浄していた際、バットと作業者の間にあったマグネットに鋼板が勢いよく張り付きました。バットには脱脂洗浄用の溶剤が入っており、マグネットに勢いよく張り付いた時に、バットに入っていた溶剤が跳ね上がりました。作業者の手元で跳ね上がった溶剤は、保護眼鏡と顔の隙間から作業者の左目に入り、炎症を起こしました。

　作業手順やマグネットの設置位置（作業者と反対側に置く）等の改善も必要ですが、液滴が飛び散る可能性のある作業ではゴグル形の保護めがねを使用しましょう。

（3）長期間使用した安全靴で爪甲剥離（そうこうはくり）

　事務室内で作業している時、左足親指が安全靴内部のほつれに引っかかり、爪が剥がれてしまいました。

　安全靴のサイズは適しており、靴下も履いていました。安全靴は2年間使用しているもので、内部の足先部分に縫い目があり、上部がほつれていましたが、気が付かずに着用し、爪が引っかかった状態で足を踏み込んだために、爪が剥がれたことがわかりました。

　安全靴は着用前に点検をしましょう。また、外側だけでなく内側にほつれ等のある場合や、（傷みの有無に関わらず）一定の期間を決めて交換しましょう。

（4）機械の不具合により発生した騒音で急性難聴

　食品加工機械で、冷凍した食品が乗ったトレイから食品を抜き取る工程において、機械の不具合により強烈な騒音が発生しました。しかし、作業者はその騒音を異常発生によるものとは思わず作業を続けたため、作業終了後に耳の異常を感じ、急性の騒音の難聴と診断されました。

　85dB を超えるような騒音の作業では聴覚保護具を使用する必要があります。この事例では、機械の不具合により強烈な騒音が発生していたにもかかわらず、作業者は異常発生とは思っていません。常時、大きな音が発生していた可能性も考えられます。

　作業環境測定により騒音の発生状況を見える化するとともに、作業者に騒音障害防止の労働衛生教育を行い、異常を認識する知識と聴覚保護具の着用が必要です。

◆ ワンポイント ◆

　大きな音による難聴には急性のもの（急性音響外傷）と慢性のもの（騒音性難聴）があります。

　難聴は、耳にある有毛細胞が傷つけられることで発生します。一度傷つけられた有毛細胞は有効な治療法がありません。そのため、難聴を防ぐためには予防対策が重要です。

（5）焼却炉の定期補修工事で薬剤噴霧中に薬傷

　廃棄物焼却炉の定期補修工事において、耐火処理を促進するための薬剤噴霧作業を行っていたところ、ノズルとホースの接続部から薬剤が漏れて飛散し、作業者の皮膚や衣服に付着しました。薬剤は強アルカリで、作業者は薬傷を負いました。

　作業計画書には安全作業に関する指示や留意事項が書かれておらず、安全衛生教育も行われていませんでした。また、使用する薬剤のSDSが交付されておらず、不浸透性の保護具（化学防護手袋や化学防護服）を着用していませんでした。

　SDS交付対象物質を取扱う際には、リスクアセスメントの実施と、その結果に応じた保護具の使用が必要です。また、リスクアセスメントの結果を作業者に周知しなければなりません。

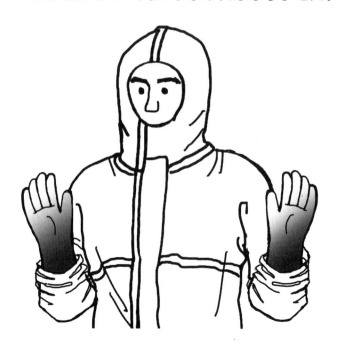

（6）医薬品製造工場で乾燥作業中に有機溶剤中毒を発症

　ウエットケーキ状の医薬中間体を乾燥する工程において、ドラム缶に入った医薬中間体をトレイに小分けし低温乾燥機の棚にトレイを並べる作業をしていました。この作業は乾燥室内で行われており、作業終了後まもなく作業者が体の不調を訴えたため、受診したところ、有機溶剤中毒と診断され、入院治療を受けることとなりました。

　作業者は呼吸用保護具（防毒マスク）を使用していましたが、有機溶剤の除去性能が失われており、作業者は作業環境中のアセトンを吸入したと考えられます。

　対象物質や使用環境中の濃度（ばく露濃度）、フィットテスト結果などから、使用する呼吸用保護具の種類を選びましょう。吸収缶を使用する場合には、ばく露濃度から破過曲線図などを用いて吸収缶の交換時期を推定することが大切です。また、アセトンを含むウエットケーキ状の医薬中間体を取り扱う作業では、不浸透性の手袋（化学防護手袋）等を使用する必要があります。

（7）染色剤中間体の製造作業で肝機能障害が発生

　染色剤中間体を製造する反応釜に、粉体の原材料を投入する作業に２週間従事した作業者が、高熱と尿が黄色くなる症状が発生しました。診断の結果、急性肝炎もしくは肝機能障害と診断され、入院治療を受けることとなりました。

　この作業は以前から行われていましたが、事故が発生する約１ヶ月前から３交代制で作業が行われていました。作業中保護具は使用していませんでした。

　粉体のみにばく露する時には防じんマスク等、蒸気やガス状の有害物質と粉体が混在する場合には防じん機能付き防毒マスク等を使用しましょう。

（8）屋根の塗装作業で、屋根上で滑り転落

　2階建ての家屋の屋根塗装作業で、塗料を補充するために屋根の上を移動している時に足を滑らせて地面に落下し、死亡災害となりました。足場の設置はされておらず、屋根への昇降はベランダにハシゴをかけて行っていました。墜落制止用器具や保護帽も着用していませんでした。

　安全に屋根を昇降する設備や足場の設置、墜落制止用器具を使用し、墜落事故を防止することが必要です。また、高所で作業をする時には、墜落時保護用および飛来・落下物用の保護帽を着用する必要があります。

　屋外作業は季節により防寒着や冷却用ファン付きの作業服、レインウエアを着ることもあります。墜落制止用器具のランヤード取り出し用のスリットのついた作業服もあるので、活用しましょう。ただし、これらの作業服を使用する時であっても、ベルトの長さはゆるめすぎず適切な長さに調整し、安全に作業しましょう。

（9）化学プラントの配管内部の洗浄中にアクリロニトリルの中毒を発生

　屋外に設置された化学プラントのアクリロニトリル配管の洗浄作業において、水圧を利用した水洗洗浄終了後に、高圧ポンプの専用ホースを外したところ、異臭とともに配管の内壁付着物が流出し、吐き気を感じるなど気分が悪くなり、病院に搬送されました。薬物中毒と診断されましたが、翌日には退院。その翌日は会社で勤務をしましたが、その翌朝に再び気分が悪くなり、脱力感・食欲低下・心拍数低下等を感じたため大学病院に入院し、アクリロニトリル中毒と診断され、3日間入院しました。

　配管はあらかじめ水洗浄されており、洗浄作業者は、配管内にアクリロニトリルが残存しているとは思っていませんでした。作業時は布製の作業着と合羽を着て、顔全体を覆うマスクとゴム手袋を着用していましたが、防毒マスクではありませんでした。

　配管の洗浄作業時には、残留している可能性のある有害物質の危険有害性情報の共有を求めるとともに、有害性情報に対応した呼吸用保護具を使用しましょう。また、皮膚障害等化学物質を使用する作業では、その程度にあった不浸透性の手袋（化学防護手袋）や保護服（化学防護服）を使用しましょう。

16

（10）ガムテープで補修した長靴を履いて作業し皮膚障害を発生

　床コンクリート打設作業において、長靴で作業を行った際の事故事例です。

　作業に使った長靴は前日から破れがありましたが、被災作業者は、破れた部分をガムテープでふさいでそのまま使用していました。

　生コンクリート打設終了後に靴の中に違和感を感じたので確認したところ、長靴の中にコンクリートが入っていたので、水で洗い流しました。その日は、右足の甲の部分に熱を感じただけでした。

　翌日に痛みとかゆみが出てきたので、軟膏を塗って安静にしていたところ、症状がおさまってきました。翌々日の夕方、普段通りの作業を行っていたところ、被災した部分が痛かゆくなってきたため、職長を通じて事務所に報告しました。

　生コンクリートは強いアルカリ性を示し、皮膚につくと炎症を起こします。破れた長靴はテープ類で補修せず、新しい長靴と交換しましょう。また、作業により体調の変化があった時には、すぐに上司に報告しましょう。

第4章 保護具の種類

1. 保護めがね等

（1）保護めがねの役割と種類

保護めがねは有害な光線や飛来物などから眼を保護するための保護具です。一般的な視力矯正用のめがねとは異なり、耐衝撃性、耐摩耗性、耐熱性などに配慮して作られています。

保護めがねは以下のように4種類にわけることができます。

遮光眼鏡	紫外線・強烈な可視線・赤外線などの有害な光線が眼に入るのを防ぐために使用します。
保護眼鏡	粉じん、薬液の飛沫、飛来物などから眼を保護するために使用します。
レーザー用保護眼鏡	レーザー光線から眼を保護するために使用します。
顔面保護具	有害光線、薬液の飛沫、飛来物、放射熱（輻射熱）などから顔面を保護するために使用します。

◆ ワンポイント ◆

眼を保護するための「めがね」の種類を「保護めがね」と書きます。

それぞれの性能により種類分けするときには、上の表のように「眼鏡（めがね）」と漢字で書いています。

（2）保護めがねの材質

　保護めがねのレンズの素材はポリカーボネート、セルロースアセテート、強化ガラスなどがあります。対象物に耐性のある素材の保護めがねを使用しましょう。

保護めがねのレンズの素材

レンズの素材	特　徴
ポリカーボネート	軽量で耐衝撃性が高く、紫外線遮断性、耐熱性に優れています。曇り止め加工などのコーティングが可能で、飛来物に対して有効です。
セルロースアセテート	軽量で曇り止め加工などのコーティングが可能です。飛沫や粉じんに対して有効です。
強化ガラス	硬度が高く、傷つきにくいです。熱、薬品に対して強い反面、レンズに対してのコーティング加工はできません。

（3）保護眼鏡

　保護眼鏡は、粉じん、薬液の飛沫、飛来物などから眼を守るために使用する保護めがねです。スペクタクル形、フロント形、ゴグル形があります。

　保護眼鏡のレンズやフレームの強度や耐性は、JIS で決められています。保護眼鏡を選ぶときには、JIS 規格品を選ぶようにしましょう。

　顔面に飛来物があたったりする可能性がある時は、防災面も併せて使用します。

　保護めがねは個人専用のものを用意し、他の人と共用するのは避けましょう。

保護眼鏡の形状

スペクタクル形	いわゆる一般的なめがねの形をしたタイプです。飛来物や粉じん飛沫に幅広く使うことが可能です。
フロント形	保護帽や普段使っているめがねに装着することが可能で、普段使っているめがねの上に装着をすると、めがねの保護ができます。飛来物や粉じん飛沫などに対して有効です。
ゴグル形	めがねと顔の間に隙間が無く、密着性に優れています。横からの飛来物に対して、有効な形状です。

（4）保護めがねの一般的な保守管理方法

・使用後は流水で保護めがねについた汚れやホコリをとる

・洗浄後は柔らかい布などで水分を拭き取る

・レンズ部が硬い物に触れないように保管する

・高温多湿の場所や、直射日光の当たる場所に置かない

・素材により消毒用アルコールによって変色や変質することがあ
　るため、取扱い説明書で確認する

・レンズに傷や亀裂などがある時などは、交換する

（5）保護めがねのチェックリスト

● レンズなどに、洗っても落ちない汚れ、傷、亀裂、割れ、変形などの異常はありますか。

　異常がある → 交換

● フレームやレンズにガタ付きはありますか。ガタ付きがある場合、ガタ付きは直せますか。

　直せない → 交換

● JIS に適合した保護めがねを使っていますか。

　（はい） → **OK**

● 液体を取扱う作業では、サイドシールド付き保護眼鏡やゴグル型を使用していますか。

　（はい） → **OK**

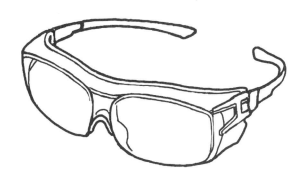

第4章 保護具の種類

2. 保護手袋

（1）化学防護手袋

　化学防護手袋は、有害な化学物質による皮膚への刺激や、皮膚からの化学物質の吸収を防ぐ手袋です。

　化学防護手袋に付着した化学物質は、「透過」と「浸透」により、手袋の素材を通り越して（破過して）着用者の皮膚に到達します。化学防護手袋の交換は、着用者の皮膚に化学物質が到達する前に行う必要があります。

　化学防護手袋に付着した化学物質は、手袋を外しても浸透し続けます。手袋は１回使用したら破棄しましょう。

　化学防護手袋を選ぶ時には、手袋の素材と厚さを参考にしましょう。サイズは、中指の長さを参考に選びましょう。

（2）皮膚等障害化学物質等とは？

　2024年4月1日から、皮膚等障害化学物質（皮膚刺激性有害物質・皮膚吸収性有害物質）等を製造したり、取扱う時には、作業者の皮膚に化学物質がつかないように、不浸透性の保護具（化学防護手袋）を使用しなければなりません。保護眼鏡や化学防護服も重要です。

　皮膚刺激性有害物質が皮膚につくと、その部分が赤くなったり痛くなったりします（接触性皮膚炎、化学熱傷など）。

　皮膚吸収性有害物質が皮膚につくと、皮膚から体の中に入り、健康障害が起こります（意識障害、発がんを含む各種臓器・全身への影響）。

皮膚等障害化学物質のうちわけ（2024年4月1日現在、1064物質）

① 皮膚刺激性有害物質 744物質	① かつ ② 124物質	② 皮膚吸収性有害物質 196物質

① 皮膚刺激性有害物質
　皮膚または眼に化学熱傷
　接触性皮膚炎どの障害を
　引き起こすもの。

② 皮膚吸収性有害物質
　皮膚から体の中に入り、
　意識障害や色々な臓器の
　病気を引き起こすもの。

（3）化学防護手袋の選び方

　実際の作業では、複数の化学物質が混ざった状態で使用することがほとんどです。

　その場合、化学防護手袋は、使用するすべての化学物質に対して耐透過性のある素材から選ぶ必要があります。

　使用しているすべての化学物質に耐透過性のある素材の化学防護手袋がある場合には、使用限度時間の一番短い物質に合わせて交換しましょう。

　使用しているすべての化学物質に耐透過性がない場合には、複数の化学防護手袋を重ねて使用することもできます。ただし、複数混ざっている化学物質は耐透過性のある素材を一緒に透過してしまうこともあるので、注意が必要です。

　厚生労働省から化学防護手袋の選び方が公開されています（皮膚障害等防止用保護具の選定マニュアル）ので、参考にしてください。

（4）化学防護手袋の外し方

　作業に使用した化学防護手袋の表面には、化学物質が付いています。正しい外し方をすることで、皮膚に化学物質を付けることなく、化学防護手袋を捨てることができます。

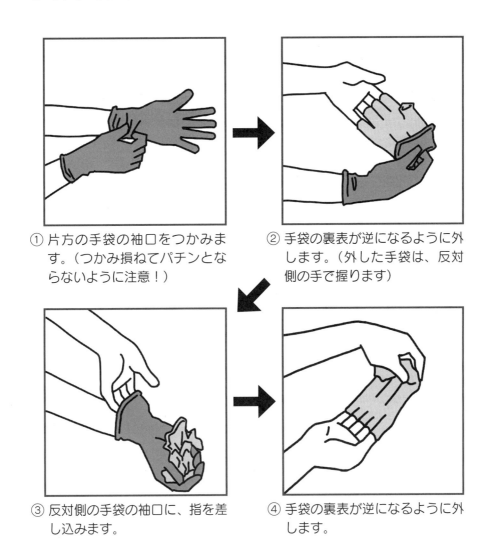

① 片方の手袋の袖口をつかみます。（つかみ損ねてパチンとならないように注意！）

② 手袋の裏表が逆になるように外します。（外した手袋は、反対側の手で握ります）

③ 反対側の手袋の袖口に、指を差し込みます。

④ 手袋の裏表が逆になるように外します。

（5）化学防護手袋のチェックリスト

● 使用している化学物質に耐透過性のある素材の化学防護手袋を選んでいますか。

（はい）→ **OK**

● 作業の内容と時間に適した耐透過性のある素材の化学防護手袋を選んでいますか。

（はい）→ **OK**

● 化学防護手袋の素材は、アレルギー反応を起こさない素材ですか。

（はい）→ **OK**

● 化学防護手袋を装着した状態で、作業性は良いですか？

（はい）→ **OK**

● 傷、孔あき、亀裂などがない化学防護手袋を使用していますか？

（はい）→ **OK**

● 化学防護手袋の使用時間を決めて、交換していますか。
　　（はい）→ **OK**

● 化学物質が手につかないように、化学防護手袋を外していますか。
　　（はい）→ **OK**

● 化学防護手袋についた化学物質が他の部分に付かないように、決められた方法で廃棄していますか。
　　（はい）→ **OK**

● 予備の化学防護手袋を常に用意していますか。
　　（はい）→ **OK**

● 保護具着用管理責任者を選任していますか。
　　（はい）→ **OK**

● 回転体のついている機械を操作する時は、手袋を外していますか。
　　（はい）→ **OK**

「選んでいる」または「はい」が正解です。回答が「選んでいない」「いいえ」になる場合には、化学防護手袋のページを確認しましょう。

（6）耐切創手袋

　刃物や薄い鋼板などを取り扱う作業時に、指や手などの切創を防ぐために使用します。

　高い強度を持った繊維を編んだ手袋や、ステンレス製の鎖手袋などがあります。素材により、熱や薬品に対する耐性が異なりますので、使用環境に適した耐切創手袋を選定する必要があります。

（7）耐切創手袋の注意点

　刃物が付いている工具であっても、ドリルのような高速回転工具を使用する作業では、繊維系の耐切創手袋は巻き込まれる危険性があるので、使用しないでください。

　大きな力が加わる作業では、ステンレス製の鎖手袋を使用しましょう。

（8）防振手袋

　チェーンソー、さく岩機、グラインダーなどの手持ち振動工具などを使用するときに発生する振動が、作業者の手に伝わることを軽減するために使用します。

　長期間にわたって手持ち振動工具などを使用すると、手の毛細血管の血流不良などによる白ろう病を発症する可能性があります。

　防振手袋には、手のひら側に振動吸収材が付いています。振動吸収材の素材は、ゴム（圧縮ゴム、発泡ゴム、クロロプレンゴム、など）、ジェルパッド、などがあります。

◆ 白ろう病とは？

　チェンソー等、振動工具を長期間使用した際に生じる振動障害。振動によって、手の血管が収縮し、血流が悪くなることによって引き起こされます。しびれや痛みなどの症状や、時に手指が蒼白となるため、その見た目から白ろう病と呼ばれています。

（9）防振手袋の注意点

　防振手袋は、手のひらだけではなく、指まで振動吸収材のある（振動を軽減できる）手袋を使用しましょう。

　振動吸収材のついた防振手袋は厚みがありますが、たとえば軍手などを2枚重ねて厚みを出しても、同様の防振性能が得られるわけではありません。長期間にわたって振動にばく露されることで、健康障害が発生します。手持ち振動工具を使用する際には防振手袋を着用し、長い時間作業することは避けましょう。

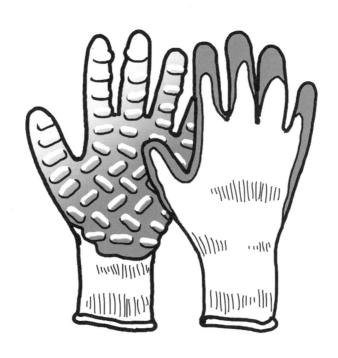

（10）電気用絶縁手袋

　着用者の手や手首上部からの感電を防止するための手袋です。高圧活線作業や低圧活線近接作業では、電気用絶縁手袋を着用しなければなりません。

　電気用絶縁手袋は、加硫ゴムまたは熱可逆性エラストマーで作られています。JIS（日本産業規格）に規定された製品を使用しましょう。

（11）電気用絶縁手袋の注意点

　電気用絶縁手袋は、最大使用電圧により４種類に分かれています（最大使用電圧が低い順から、J00、J0、J01、J1）。最大使用電圧が高いほうが手袋が長いです。

　電気用絶縁手袋は、６ヶ月ごとに定期自主検査を行い、記録を３年間保存しなければなりません。検査項目は、目視による傷やひび割れの有無、耐電圧試験です。

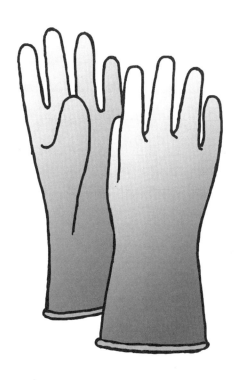

（1）呼吸用保護具の種類

　呼吸用保護具の種類はこの図の通りです。作業環境中の有害物質の種類により、使用する呼吸用保護具が異なります。

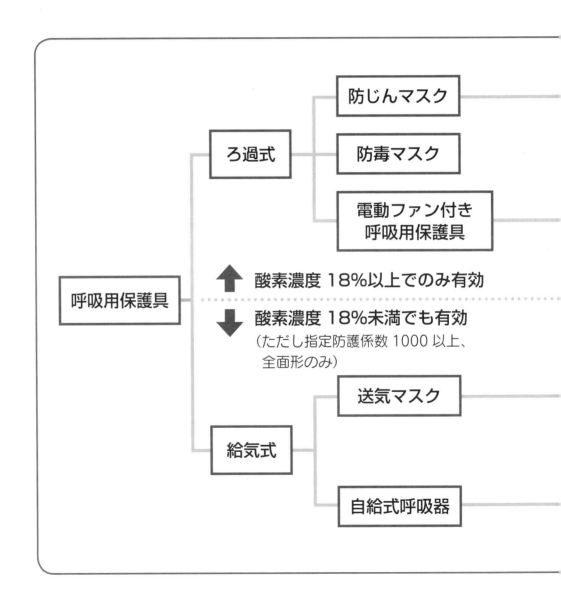

　P-PAPR の正式な名称は "防じん機能を有する電動ファン付き呼吸用保護具" です。
　G-PAPR の正式な名称は "防毒機能を有する電動ファン付き呼吸用保護具" です。

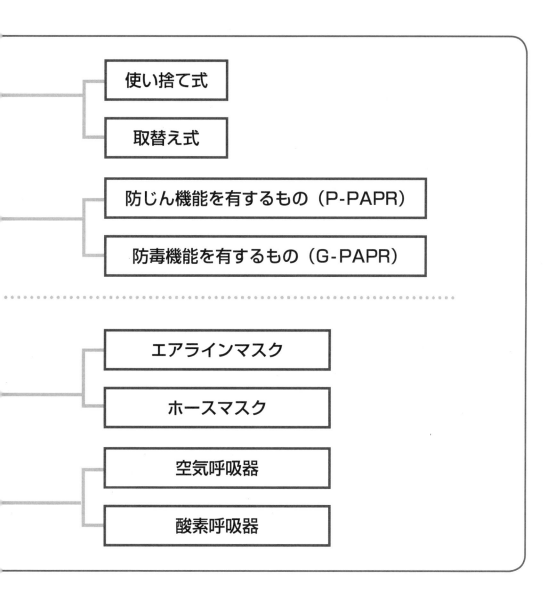

（2）粒子状物質の吸入を防ぐマスク

　粒子状物質（粉じん、ヒューム、ミスト）をろ過材（フィルタ）で捕集し、清浄になった空気を吸入する呼吸用保護具は、"防じんマスク" と "P-PAPR" です。防じんマスクは自分の肺の力で吸気します。P-PAPR は電動ファンの力でろ過材（フィルタ）に通気します。

　防じんマスクには使い捨て式と取替え式があります。

　使い捨て式は、面体そのものがろ過材でできているので、使い終わったら（または使用限度時間になったら）廃棄します。取替え式はろ過材（フィルタ）を交換することで、面体は繰り返して使用することができます。

　防じんマスクや P-PAPR は型式検定に合格した製品を使用しましょう。型式検定に合格している防じんマスクや P-PAPR には、型式検定合格標章が付いています。

（3）防じんマスクの面体の形

　"取替え式" は面体の形により2種類に分けられます。全面形面体は顔全体を覆うので、眼に粒子状物質が入るのを防ぎます。半面形面体は鼻と口を覆います。取替え式防じんマスクの面体は繰り返して使用するので、面体の清掃や部品（吸気弁、排気弁、しめひも、など）の点検・交換、が必要です。

　"使い捨て式" も、鼻と口を覆います。

（4）ろ過材（フィルタ）の種類

　防じんマスクや P-PAPR は、ろ過材（フィルタ）の種類により、粒子状物質を捕集する性能が異なります。

　粒子状物質には、粉じん、ヒューム、ミストがあります。

　粉じんやヒュームは固体の小さな粒子なので、固体粒子用のろ過材（"S" と表示されている）と液体粒子用ろ過材（"L" と表示されている）を使用することができます。しかし、ミストは液体の小さな粒子なので、液体粒子用のろ過材（フィルタ）しか使えません。

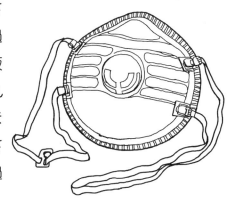

粒子状物質の種類		ろ過材の種類	
		防じんマスク	P-PAPR
粉じん	固体を削ったり、粉砕した時に発生する、小さな粒子。（粒径5〜100μm程度）	RS、DS RL、DL	PS、PL
ヒューム	金属の蒸気などが気体中で冷えて固まり、固体の微粒子となって空気中にあるもの。（粒径0.1〜1μm）	RS、DS RL、DL	PS、PL
ミスト	液体の微小な粒子が空気中に浮遊しているもの。（粒径5〜100μm）	RL、DL	PL

　左の表のろ過材の種類の意味は、次のとおりです。

　　R：取替え式

　　D：使い捨て式

　　P：防じん機能を有する電動ファン付き呼吸用保護具

　　S：固体粒子（例：粉じん、ヒューム）

　　L：液体粒子（例：ミスト）

　また、ろ過材は粒子状物質の捕集性能（粒子補集効率）により、次の3つの区分に分かれます。

　　区分3：99.9 %以上

　　区分2：95.0 %以上

　　区分1：80.0 %以上

◆コラム◆

　ろ過材の種類を表す"S"と"L"は、Solid（固体）とLiquid（液体）の頭文字を用いています。それぞれのろ過材の補集効果率試験では、"S"は固体の塩化ナトリウム（NaCl）粒子、"L"は液体のフタル酸ジオクチル（DOP）粒子を用いて測定しています。オイルミストが発生する作業では、"L"の種類のろ過材（フィルタ）を使用します。

（5）防じんマスクのチェックリスト

● 防じんマスクを使用する環境は、酸素濃度 18%以上ですか。
　（はい）→ **OK**

● 型式検定合格品の中から選んでいますか。
　（はい）→ **OK**

● 粒子の形状（粉じん、ミスト）にあったフィルタの種類を選んでいますか。
　（はい）→ **OK**

● 使用する前にマスクの点検をしていますか。
　（はい）→ **OK**

● 部品は綺麗な状態に保たれていますか。
　（はい）→ **OK**

● しめひもは十分に伸び縮みしますか。
　（はい）→ **OK**

● 製品の取り扱い説明書に書かれた方法で装着・使用していますか。
　（はい）→ **OK**

● 顔と面体の間にタオルや接顔メリヤスなどを挟んでいませんか。

　（挟んでいない）→ **OK**

● 装着するたびにシールチェックをしていますか。

　（はい）→ **OK**

● フィルタの交換時期を決めていますか。

　（はい）→ **OK**

● 使い捨て式防じんマスクの場合、使用時間限度内に交換してい
　ますか。

　（はい）→ **OK**

● 保護具着用管理責任者を選任していますか。

　（はい）→ **OK**

● フィットテストをおこなっていますか。

　（はい）→ **OK**

◆コラム◆

　使い捨て式マスクのシールチェックは、マスクを両手で覆い、
息を強く吐いて顔とマスクの間からの空気の漏れを確認します。
同様に息を吸いこむ方法もあります。

（6）防毒マスク

　防毒マスクは、有害ガスや蒸気がある場所で作業をする時に、有害ガスや蒸気を吸入しないようにするために使用します。

　防毒マスクは、呼吸用インターフェース（面体）と吸収缶の組み合わせで使います。

　面体は、全面形と半面形があります。眼に刺激のある物質を取扱う作業では、全面形マスクを使用します。型式検定に合格している面体を使用しましょう。

　呼吸缶は、大きい順に隔離式、直結式、直結式小型の３種類のサイズの呼吸缶があります。

　吸収缶は、型式検定合格品あるいは JIS に準拠したものを使いましょう。

　面体に組み合わせることのできる吸収缶は決まっているので、購入時に確認しましょう。

　粉じんやミストが発生する作業では、防じん機能付き吸収缶を使います。

　吸収缶は、ガス等の種類により、型式検定規格のあるものと JIS のものがあります。

　吸収缶の種類は下の表を参考にしてください。

防毒マスク用吸収缶の種類

吸収缶の種類	缶／ラベルの色	規格
ハロゲンガス用	灰／黒	型式検定規格 （防毒マスクの規格）
有機ガス用	黒	
一酸化炭素用	赤	
アンモニア用	緑	
亜硫酸ガス用	黄赤	
酸性ガス用	灰	JIS T 8152
シアン化水素用	青	
一酸化炭素・有機ガス用	赤／黒	
硫化水素用	黄	
臭化メチル用	茶	
水銀用	オリーブ色	
ホルムアルデヒド用	オリーブ色	
エチレンオキシド用	オリーブ色	
メタノール用	オリーブ色	
リン化水素用	オリーブ色	

（7）防じん機能つき防毒マスク

　有害ガスや蒸気と共に粉じんやミストが発生する場合には、防じん機能を持つ吸収缶を使用します。吸収缶にフィルタが内蔵されていたり外側についているもの、吸収缶とフィルタを組み合わせて使用するものなどがあります。

　フィルタが内蔵されている吸収缶は、フィルタのある場所に白いラインが一周、ひかれています。

（8）防毒マスクの使用濃度の上限

　防毒マスクが使用できる環境濃度の見積もり方法は、次の二つがあります。同じ型の面体と吸収缶の組合せで、見積もった結果が異なる場合には、低い値を使用濃度の上限としましょう。

● 吸収缶の選び方（その1）
防毒マスクの規格で決められている使用上限濃度

種類	濃度の上限
直結式小型	0.1％以下
直結式	1％以下（アンモニアは1.5％以下）
隔離式	2％以下（アンモニアは3.0％以下）

● 吸収缶の選び方（その2）
今回の省令改正で定められた選び方

　使用限度濃度は、ばく露限度濃度（濃度基準値など）に呼吸用保護具の指定係数を乗じた値。

▶ 例えばキシレンの場合

　防毒マスクの規格で決められた直結式小型吸収缶の使用限度濃度は0.1％（＝1,000ppm）

　指定保護係数10の防毒マスクを装着してキシレンを取り扱う場合。使用限度濃度は500ppm（キシレンのばく露限界値50ppm）

　2つの方法で異なる値となる場合は低い方の値が使用濃度の上限となります。

（9）吸収缶の交換

　吸収缶は定期的に新しいものに交換しなければなりません。吸収缶の取扱説明書にある破過曲線図を使って、作業環境中の有害物質の濃度から算定有効時間（安全に使用できると思われる時間）を求めます。

（交換時の注意点）

　破過曲線図は決められた試験ガスで作成しているので、自分の使っている有害物質とは有効時間が異なる場合があります。特に、有機ガス用吸収缶では、ジクロロメタン、メタノール、アセトンなどは有効時間が短くなるので早めの交換が必要です。

　また、暑い場所や湿度の高い場所で吸収缶を使用する場合にも、有効時間が短くなります。

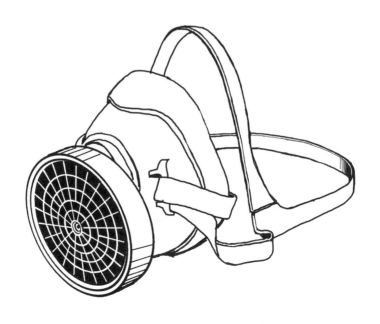

（10）防毒マスクのチェックリスト

● 型式検定合格品の中から選んでいますか。

（はい）→ **OK**

● 有害物質の種類や濃度に適したマスクと吸収缶を選んでいますか。

（はい）→ **OK**

● 使用する前にマスクの点検をしていますか。

（はい）→ **OK**

● 部品は綺麗な状態に保たれていますか。

（はい）→ **OK**

● しめひもは十分に伸び縮みしますか。

（はい）→ **OK**

● 製品の取り扱い説明書に書かれた方法で装着・使用していますか。

（はい）→ **OK**

● 装着するたびにシールチェックをしていますか。

（はい）→ **OK**

● 保護具着用管理責任者を選任していますか。

（はい）→ **OK**

● フィットテストをおこなっていますか。

（はい）→ **OK**

（11）電動ファン付き呼吸用保護具：PAPR

　PAPR には、防じん機能を持つもの（P-PAPR）と防毒機能を持つもの（G-PAPR）があります。

　P-PAPR は、フィルタにより粒子状物質がろ過され、清浄空気が電動ファンにより面体内に供給されます。G-PAPR は吸収缶でガスや蒸気がろ過され、清浄空気が電動ファンにより面体内に供給されます。どちらも型式検定に合格したものを使用しましょう。

　（型式検定に合格していない G-PAPR は、2026 年 9 月 30 日まで使用できます）

　爆発の危険のある場所（防爆型の機器等の使用が必要な場所）では、防爆構造電気機械器具の型式検定に合格していない PAPR は使用できません。

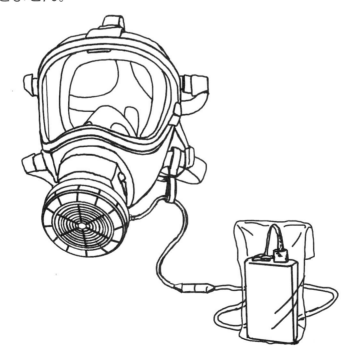

（12）PAPR のフィットテスト

　PAPR は電動ファンにより、ろ過材を通過した空気が面体に送りこまれるため、面体の中は陽圧です。最近は、作業者の呼吸に合わせて電動ファンが作動する製品もあります。

　しかし、もし作業途中でバッテリーが切れてファンが止まったら？　少し息を吸い込みづらいかもしれませんね。この時息を吸い込むと、面体内は陰圧になります。顔と面体のすきまからの漏れこみが無いようにしなければなりません。そのため、面体形のPAPR は1年以内に1回のフィットテストを受けましょう。

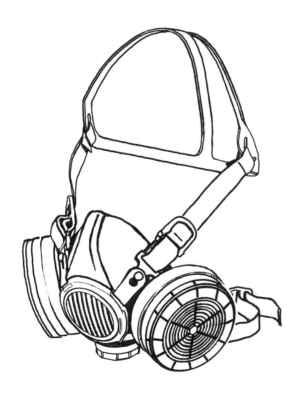

（13）呼吸用保護具が指定されている作業

　次の作業は、使用する呼吸用保護具やろ過材（フィルタ）が作業により指定されています。

　関連する通達やパンフレット、呼吸用保護具の製造メーカーに問い合わせるなど、作業に適した呼吸用保護具を選びましょう。

石綿の除去、廃棄物焼却施設内作業（ダイオキシン）、放射性物質、ずい道等の建設作業、金属アーク溶接、ナノマテリアル関連作業、インジウム化合物製造・取扱作業など

呼吸用保護具が指定されている作業と呼吸用保護具の例

作業		呼吸用保護具
石綿の切断等の作業	隔離空間内部	電動ファン付き呼吸用保護具または同等の給気式呼吸用保護具
	隔離空間外部	取替え式防じんマスク（RS 3 または RL 3）[切断作業を伴わない囲い込み成形板の除去作業の場合 RS 2 または RL 2 も可]
成形版の除去等作業を行う作業場で、石綿の除去作業以外の作業		取替え式防じんマスクまたは使い捨て式防じんマスク

（14）保護具着用管理責任者

　労働衛生保護具は作業に適した種類を選択し、正しく使用しなければ、その性能を発揮することができません。労働衛生保護具を正しく選び、使用し、保守管理できるように管理する担当者が保護具着用管理責任者です。化学物質のリスクアセスメント対象物を使用している事業場では、化学防護手袋や呼吸用保護具などを使用する時には、保護具着用管理責任者の選任が必要です。

　また、作業環境測定の結果が第三管理区分で、呼吸用保護具を使用する場合にも、保護具着用管理責任者を選任する必要があります。

保護具着用管理責任者の職務
　① 保護具の適正な選択に関すること
　② 労働者の保護具の適正な使用に関すること
　③ 保護具の保守管理に関すること

---

4. 防護服

（1）保護服（防護服）

　一般的には防護服と呼んでいますが、法令用語では「防護衣」と書かれています。

　防護服には、体の表面の皮膚に有害な物質が付着したり、皮膚から吸収されたりしないように防ぐためのものや、熱や寒さを防ぐためのもの、電気の危険から身を守るためのものや静電気の放電による爆発・火災などを防ぐためのものなど、いろいろな種類があります。

　作業の内容により、選択する防護服の種類が決まります。化学物質のばく露を防ぐための化学防護服は55ページに記載しています。

　高熱から体をまもる防護服には、溶接等作業用防護服、耐熱耐炎服、難燃服があります。JISなどで種類や性能が規定されていますので、作業に適した防護服を選択する必要があります。

　暗い場所で作業者の存在を見やすくする視認性衣服も防護服の一例です。

（2）化学防護服

　化学防護服は有害物質が体に付着することを防ぎます。有害粉じんに対しては、固体粉じんに対する防護服、液体・蒸気・ガス状の化学物質に対しては耐透過性や耐浸透性のある素材の化学防護服を選ぶ必要があります。

　化学物質（酸、アルカリ、有機薬品など）の透過や浸透などを防ぐ性能は、JIS T 8115により規定されています。化学防護服に付着した化学物質は、時間とともに透過します。化学物質が付着した化学防護服はそのままにせず、新しい物に替えましょう。

（3）化学防護服の種類

　化学防護服に関する性能は JIS T 8115 に規定されています。化学防護服の耐透過性能試験方法は JIS T 8030 に規定されています。

　化学防護服は、防護できる部位や構造によって、以下のように分けることができます。

気密服	全身を有害物質から守る化学防護服です。定期的に気密性を試験する必要があります。
密閉服	全身を有害物質から守る化学防護服です。液体や粉じん状の有害物質が内部に入らないようになっており、広く産業分野で使用されています。
部分化学防護服	有害物質から体の一部を守る化学防護服です。エプロン、フットウェアカバーなどがあります。

（4）防護服のチェックリスト

● JIS など、一定の規格に適合した防護服を使用していますか。

　　（はい）→ **OK**

● 体のサイズにあった防護服を選んでいますか。

　　（はい）→ **OK**

● 使用している化学物質に対して耐透過性のある素材を選んでいますか。

　　（はい）→ **OK**

● 化学防護服に、切れ、破れ、汚れ等はないですか。

　　（ない）→ **OK**

● 着衣、脱衣の訓練はしていますか。

　　（はい）→ **OK**

● 直射日光を避け、乾燥した場所に保管していますか。

　　（はい）→ **OK**

第4章 保護具の種類

5. 墜落制止用器具（フルハーネス型）

（1）フルハーネス型

　２メートル以上の高所で作業をする時には、墜落・転落を防止するための作業床・囲いや手すりを設置する義務があります。その効果を補完したり、それらの措置が困難な一定の条件のもとでは、墜落制止用器具を使用します。

　墜落制止用器具は、高いところから墜落した時に空中で静止して、地面に到達することを防ぎます。墜落制止用器具の基本はフルハーネス型です。フルハーネス型の墜落制止用器具を使用する時には、特別教育を受けることが必要です。

　フルハーネス型の構造は、図の通りです。構造規格に適合した製品を使用してください。

胸ベルト

胴ベルト

　フルハーネス型の墜落制止用器具は肩ベルト、胸ベルト、腿ベルト、胴ベルト、骨盤ベルトなどで体を包み、落下を静止した際に、しっかりと体にフィットするように着用しましょう。

　体にフィットしない状態で使用すると、落下して宙吊りになった時に、体への衝撃（圧迫）が強くなったり、体が抜け落ちたりする危険性があります。

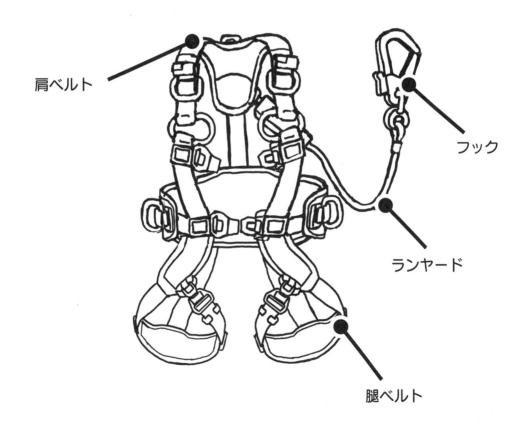

肩ベルト

フック

ランヤード

腿ベルト

（2）フルハーネス型の選び方

　墜落制止用器具は作業に合わせて選ぶことが必要です。選ぶ時の要件の主なものは次の３つです。

① 6.75 メートルを超える作業箇所ではフルハーネス型を使用しなければなりません。

> ２メートル以上の高さで、作業床がない場合や囲いや手すりの設置が難しい場所（開口部など）では、フルハーネス型の墜落制止用器具を使うことが原則です。ただし、フルハーネス型を装着している作業者が落下した時、地面に到達する恐れがある場合（6.75 メートル以下）は、胴ベルト型を使用できます

② 着用者の体重と装備品の重さの合計に耐える器具を使用しなければなりません。

③ ランヤードのフックをかける位置に適したショックアブソーバを選ぶ必要があります。

> ・腰の高さ以上にフック等をかけることができるときは、第一種ショックアブソーバを選びます。
> ・足下にフック等をかける必要があるときは、フルハーネス型を選ぶとともに、第二種ショックアブソーバを選びます。

（3）胴ベルト型

　墜落制止用器具は原則フルハーネス型を使います。しかし、フルハーネス型を装着すると墜落時に地面に到達する恐れのある場合には、胴ベルト型の使用が認められています。胴ベルトは腰骨の近くに装着します。墜落時に足の方に抜けることがないように、また、胸部にずれないように装着する必要があります。

　ワークポジショニング用器具は墜落制止用器具ではありません。ワークポジショニング用器具は、フルハーネス型の墜落制止用器具と併用するものです。柱上作業など、高所で作業者の体を保持しながら行う作業の時に使用するものです。

基本的には使いません

◆ ワンポイント ◆

　建設作業などの高所作業で、胴ベルト型安全帯を使用している作業者が、墜落時に内臓や胸部を圧迫する危険性や、胴ベルトからすり抜けてしまう災害があり、2019年1月に「墜落制止器具の規格」が告示されました。

（4）墜落制止用器具のチェックリスト

● 取扱説明書に記載されている部品は揃っていますか。
   （はい）→ **OK**
● ６ヶ月以内に１回、定期点検を行っていますか。
   （はい）→ **OK**
● 始業点検を実施し、不具合のあるものは交換していますか。
   （はい）→ **OK**
● 購入時の組み合わせの通り使用していますか（他社製品と組み合わせたりしていませんか）。
   （はい）→ **OK**
● 湿気がなく、直射日光が当たらないところに保管していますか。
   （はい）→ **OK**
● 一度落下した墜落制止用器具は交換していますか。
   （はい）→ **OK**

◆ ワンポイント ◆

　墜落制止用器具は、厚生労働省から告示された「墜落制止用器具の規格」に準じた構造で作られています。購入した器具を分解したり、部品を組み替えたりしないで安全に使用しましょう。

● ロープに傷みはありませんか。

　（ない）→ **OK**

● ベルトの摩耗・切れ・ねじれ・ほつれはありませんか。

　（ない）→ **OK**

● 金属類の摩耗、亀裂、変形、錆、腐食はありませんか。

　（ない）→ **OK**

● ランヤードの摩耗、切れ等はありませんか。

　（ない）→ **OK**

● ロック機能付きの巻き取り器では、ストラップを強く引き出した時、ロックしますか。

　（はい）→ **OK**

◆ **ワンポイント** ◆

　フルハーネス型を着用した時の落下距離

　落下距離 ＝ 自由落下距離＋〔 ショックアブソーバの伸び
　　　　　　　　　　　　　　　　 フルハーネスの伸び
　　　　　　　　　　　　　　　　 ランヤードの伸び 〕

（1）保護帽について

　保護帽は、その構造から、飛来・落下物用と墜落時保護用があります。どちらも「保護帽の規格」（厚生労働省の規格）に合格した製品を選びましょう。また、電気作業などでの感電から守るために「絶縁用保護具の規格」に適合した保護帽もあります。

　保護帽の規格には、日本産業規格（JIS）もあります。作業現場では「保護帽の規格」に合格した製品を使用することが義務です。JIS に適合していない製品を使用しても法令遵守上の問題はありませんが、JIS 適合品は耐貫通性や難燃性など「保護帽の規格」に含まれていない性能試験に適合している製品です。

　保護帽の材質は、熱硬化性樹脂である FRP 樹脂製と、熱可逆性樹脂である ABS 樹脂製・PC 樹脂製・PE 樹脂製などがあります。それぞれの素材に特徴がありますので、使用する環境にあった素材の保護帽を選びましょう。

（2）保護帽装着の注意点

　「労・検ラベル」が貼ってある保護帽を使いましょう。保護帽を装着する時には、

　　① 真っ直ぐ被り、

　　② ヘッドバンドを調節し、

　　③ あごひもをきちんと締めましょう。

　熱硬化性樹脂製（FRP 樹脂製など）の保護帽は５年以内に交換しましょう。熱可逆性樹脂製（ABS 樹脂製、PC 樹脂製、PE 樹脂製など）の保護帽は３年以内に交換しましょう。

労・検ラベル

労（2023・10）検	… 検定取得（更新）年月
AB12345	… 型式検定合格番号
アンシン株式会社	… 製造者名
2023・12	… 製造年月
飛来・落下物用	… 区別（飛来・落下物、墜落用）
帽体材質　ABS	

（3）飛来・落下物用および墜落時保護用

　　飛来・落下物用保護帽は、上方からの飛来物や落下物から頭部を守るために使用します。飛来落下物用・墜落時保護用兼用保護帽は、上方からの飛来物や落下物の危険に加え、墜落による危険からも頭部を守ります。「保護帽の規格」に合格していることを示す「労・検ラベル」を確認してから使用しましょう。

（4）墜落時保護用保護帽

　墜落時保護用保護帽は、作業場での墜落や転倒によって生じる危険から頭部を守るために使用します。墜落時保護用のみの検定合格製品はほとんどなく、飛来・落下物用・墜落時保護用兼用保護帽が主流です。その構造は下の図の通りで、衝撃を吸収するライナーがついています。

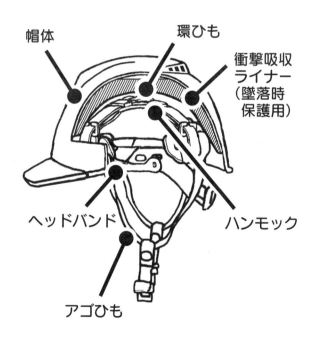

帽体
環ひも
衝撃吸収
ライナー
（墜落時
保護用）
ヘッドバンド
ハンモック
アゴひも

帽体		頭を覆う硬質なもの
着装体	ハンモック ヘッドバンド 環ひも	あたりをよくして衝撃を和らげるもの
衝撃吸収ライナー		発泡スチロールなど。衝撃を吸収する
アゴひも		保護帽が落ちるのを防ぐ

（5）保護帽のチェックリスト

● 型式検定に合格した保護帽を選んでいますか
（はい）→ **OK**

● 作業に適した種類の保護帽を選んでいますか
（はい）→ **OK**

● 頭にフィットする保護帽を選んでいますか
（はい）→ **OK**

● 真っ直ぐに深く被り、あごひもは緩みなく止めていますか
（はい）→ **OK**

● メーカー指定品以外の部品や製品を取りつけていませんか
（取りつけていない）→ **OK**

● 著しい汚れや、傷、亀裂はありますか
（ない）→ **OK**

● 一度でも強い衝撃を受けた保護帽は、外観に損傷がなくても
　交換していますか。

　　（はい）→ **OK**

● 保護帽をなげたり、高い所から落としたりしていませんか。

　　（していない）→ **OK**

● 保護帽を着用することで。皮膚が痒かったり、かぶれたりし
　ていませんか。

　　（していない）→ **OK**

● 帽体と頭頂部の間に、隙間は保たれていますか。

　　（はい）→ **OK**

● 電気用保護帽（絶縁用保護具）は６ヶ月以内ごとに１回、自
　主点検していますか。

　　（はい）→ **OK**

（1）安全靴

安全靴は、JIS（日本産業規格）の認証を受けた安全性を満たした靴で、事故や災害から、着用者の足を守ります。

安全靴は、つま先に入っている"先しん"により着用者のつま先を保護します。つま先部分の衝撃に対する耐久性により、4つの区分に分かれています。材質やつま先の芯の強さにより、超重作業用（U）、重作業用（H）、普通作業用（S）、軽作業用（L）に分かれます。素材は革が多いですが、長靴などでは総ゴム製もあります。

付加的性能として、主に、耐踏み抜き性（P）、かかと部の衝撃エネルギー吸収性（E）、足甲プロテクタの耐衝撃性（M）、耐滑性（F1、F2）などがあります。

＊（）内の記号は、JIS T 8101 の記号

（2）静電気帯電防止靴

　つま先部分を衝撃から守り、さらに、人の体に溜まった静電気による爆発火災や製品不良などの発生を防ぐためには、帯電防止性能のある安全靴（静電気帯電防止靴）を使用します。帯電防止性能により、静電靴（ED、EDX）と導電靴（EC）に分けられます。

　静電靴は、着用者に帯電した静電気を、足裏から靴底を通して床に流します。そのため、床の静電対策を行うことも大切です。

　＊（　）内の記号は、JIS T 8103 の記号

（3）プロテクティブスニーカー

　公益社団法人日本保安用品協会の制定したプロテクティブスニーカー規格を満たした靴をプロテクティブスニーカーといいます。

　つま先部分の耐衝撃性により普通作業用（A種）と軽作業用（B種）に分類されます。つま先部分の耐久性は、JIS規格品の方が優れています。

　甲被は、人工皮革、合成皮革、編物製（メッシュタイプ）などがあります。メッシュタイプのプロテクティブスニーカーは、水、油、薬品などを扱う作業では、甲被に付着した物が速やかに浸透するので、使用には適しません。

（4）化学防護長靴

　足部が有害化学物質（酸、アルカリ、有機溶剤、粉じん、など）に接触することを避けるために、化学防護長靴を着用します。化学防護長靴は、JIS（日本産業規格）により性能などが規定されています。

　取扱う化学物質のリスクアセスメント結果に応じて、十分な耐透過性や耐浸透性を持つ素材でできている化学防護長靴を着用することが大切です。

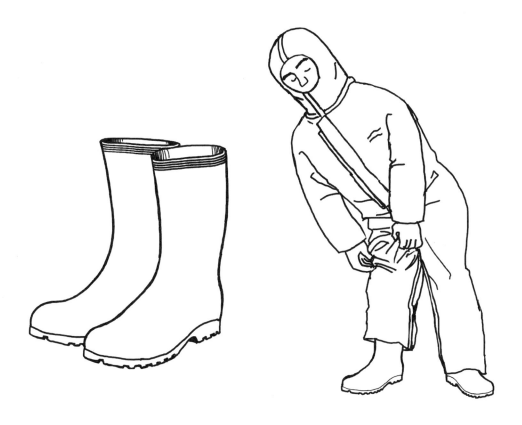

（5） 安全靴のチェックリスト

● 作業に適した種類の安全靴を選んでいますか。

（はい）→ **OK**

● 耐熱性、電気絶縁性、耐油性が必要な作業では、JIS に適合した安全靴を選んでいますか。

（はい）→ **OK**

● 履き心地や、作業性の良いものを選んでいますか。

（はい）→ **OK**

● かかとを踏み潰さずにはいていますか。

（踏みつぶしていない）→ **OK**

● 一度でも衝撃や圧迫を受けた安全靴は使用していないですか。

（使用していない）→ **OK**

● 直射日光を避けて保管していますか。

（はい）→ **OK**

● 甲被の破れや、先しんが見えている安全靴を使用していますか。
（使用していない）→ **OK**

● 靴底が剥がれたり、著しくすり減っていたり、亀裂や割れがある安全靴を使用していないですか。
（使用していない）→ **OK**

● 釘や金属片を一度でも踏み抜いた耐踏抜き用安全靴は、交換していますか。
（交換している）→ **OK**

● 化学防護長靴は、使用後に洗浄して、直射日光を避けて保管していますか。（はい）→ **OK**

（1）聴覚保護具の種類

聴覚保護具は著しい騒音が発生する作業場などで、騒音性難聴を防止するために着用します。等価騒音レベルが 85dB を超えるときには聴覚保護具の着用が必要です。

一般的に使用される聴覚保護具には、"耳栓" と "イヤーマフ（耳覆い）" があります。

耳栓には、柔らかい樹脂を成形した形状と、ウレタンフォームなどの柔らかな発泡型があります。いずれも、耳の穴に挿入して使用します。

イヤーマフには、ヘッドバンドタイプが多いですが、保護帽も着用する必要があるときには保護帽装着タイプを使用します。

耳栓を装着する時のポイント

イヤーマフ	両方のマフで耳をすっぽり覆います。
耳栓	① ウレタンフォーム製 　指でクルクルとつぶし、耳の穴の向きに沿って装着します。 ② 成形品 　耳栓の固い部分を持ち、反対の手で内耳をまっすぐにしてから、耳栓を装着します。

（2）聴覚保護具の遮音性能

　聴覚保護具の種類を選ぶときには、①作業内容や、同時に使用する他の保護具（保護帽、保護めがね、など）を考慮して、聴覚保護具の種類を選び、②作業環境の騒音の大きさと、聴覚保護具に表示されている遮音性能から、聴覚保護具着用時の着用者の聞こえる音の大きさを推定します。

　聴覚保護具着用時に着用者に聞こえる音の大きさの推定値が、70 ～ 80dB になる聴覚保護具を選ぶと良いです。

　これらの推定には、騒音の測定結果が必要です。騒音計を用いて、作業時の等価騒音レベルを把握しておきましょう。

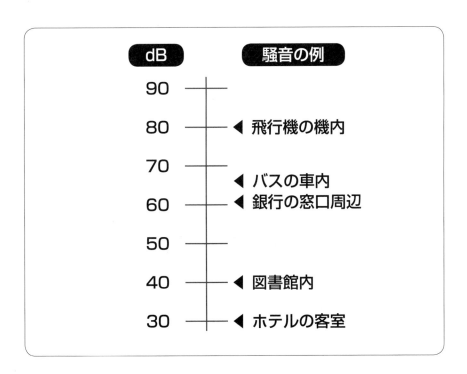

（3）耳栓

　耳栓を装着するときには、装着する耳と反対側の手を頭の後ろから回し、装着する耳の上を軽く引っ張ります。引っ張ることで、曲がっている耳の穴が真っ直ぐになり、耳栓を挿入しやすくなります。

　発泡型の耳栓は、指で細く丸めてから装着し、30秒程度そのまま抑えます。

　耳栓が抜けなくなるほど奥に入れることはやめましょう。しかし、浅すぎると十分な遮音効果を得ることができません。装着後は、適切な装着を確認します。使用者自身の声で確認する方法もありますが、測定機器を使用した装着確認（フィットテスト）ができるとなお良いです。

（4）イヤーマフ

　イヤーマフは、カップ部分が完全に耳を覆うように装着することが大切です。

　ヘッドバンド型はヘッドバンドの調節部分を十分に伸ばして頭の上にのせ、ヘッドバンドを軽く押さえながら片手でカップ部分を動かして、ヘッドバンドの長さを調節します。

　保護帽装着型は、カップ部分が耳を完全に覆うように、スプリングの長さを調節します。

（5）聴覚保護具のチェックリスト

● 作業内容と騒音の大きさに応じた遮音レベルの聴覚保護具を選んでいますか。

（はい）→ **OK**

● 耳の穴によく馴染む耳栓を選んでいますか。

（はい）→ **OK**

● 耳栓が耳にフィットしない状態で使用していないですか。

（使用していない）→ **OK**

● （成形タイプの耳栓）洗浄や消毒を簡単にできる形ですか。

（はい）→ **OK**

● 汚れや、ホコリが付いていないことを確認してから使用していますか。

（はい）→ **OK**

● 耳栓に亀裂や変形はなく、弾力性はありますか。

（はい）→ **OK**

● （イヤーマフ）耳全体を覆って、密着している状態で使用していますか。

（はい）→ **OK**

● 耳栓を正しい装着手順で装着していますか。

（はい）→ **OK**

● 耳栓を着けるときと外す時は、清潔な手で行っていますか。

（はい）→ **OK**

● 耳栓を装着する時、痛みを感じるほど奥まで押し込んでいませ
　 んか。
　　（いない）→ **OK**
● 耳栓を抜くときは、ゆっくり抜いていますか。
　　（はい）→ **OK**
● 聴覚保護具の遮音性能と遮音効果を確認していますか。
　　（はい）→ **OK**

◆ ワンポイント ◆
聴覚保護具の適切な着用の確認
　聴覚保護具を着用したら、適切に着用できているか確認する
ことが大切です。確認の方法は主に３つあります。
① 管理者が目視で確認する。
② 着用者自身で、手のひらで耳全体を覆ったり外したりを繰
　 り返し、聞こえ方が大きく違わないことを確認する。
③ 専用の測定器を使って、フィットテストを行う。

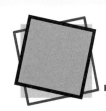

MEMO

著者プロフィール

津田 洋子（つだ ようこ）

　帝京大学大学院公衆衛生学研究科講師。北里大学衛生学部産業衛生学科卒業後、三光化学工業株式会社において呼吸用保護具の研究開発に従事。信州大学医学系研究科博士課程満期退学。博士（医学）取得。第一種作業環境測定士、IOAH認証日測協認定オキュペイショナルハイジニスト。作業主任者研修会、衛生管理者受験準備講習会、産業医研修会などの講師、化学物質管理者講習、保護具着用管理責任者講習に携わる。

　化学物質の生体影響、呼吸用保護具等を専門とする。所属学会は、日本産業衛生学会、日本労働衛生工学会等。

イラストで分かりやすい
安全衛生保護具の基礎知識

2024年6月10日　初版発行

著　者　津　田　　　洋　子
発行人　藤　澤　　　直　明
発行所　労　働　調　査　会
〒170-0004 東京都豊島区北大塚 2 - 4 - 5
TEL：03（3915）6401
FAX：03（3918）8618
https://www.chosakai.co.jp/

ISBN978-4-86788-000-5　C2032